Annegret Kronenberg

Laßt mir meinen wilden Garten

Gedanken, Gefühle, Erlebnisse und Erinnerungen
in und um einen Garten

Annegret Kronenberg wurde 1939 in Gronau/Westfalen geboren.
1997 veröffentlichte sie mit drei anderen Autoren erste Gedichte in dem Lyrikband „Blickrichtungen".
Es folgten weitere Veröffentlichungen in Anthologien u.a. der Nationalbibliothek des deutschsprachigen Gedichtes.
Im Jahr 2000 gab sie zusammen mit fünf weiteren Autorinnen einer Schreibwerkstatt des Künstlerdorfes Schöppingen das Gemeinschaftswerk „Schreibwerk statt Künstlerdorf" heraus.
Ihr erster eigener Gedichtband erschien 2001: „Eigentlich sollte es Sommer sein".
Ende 2002 veröffentlichte der Schroedel-Verlag ihr Gedicht „Krieg" in „Stark in Deutsch – Lernideen & Materialien für Lehrerinnen und Lehrer".
In 2003 wird eine Einblendung ihres Gedichtes „Abschied" den Spielfilm „One Memory" der O'Neil Entertainment Filmproductions eröffnen.

Mai 2003
Herstellung: Books on Demand GmbH
Printed in Germany ISBN 3-8330-0192-5

Für meine Familie

Inhaltsverzeichnis

Memoria

Die Blumen,
die ich als Kind gepflückt,
blühen in meinem Herzen weiter
und wecken mit ihrem Duft
kostbare Erinnerungen.

Das höchste Gut

Du hast sie wachgeküßt,
die schlafende Knospe.
Jetzt ist sie voll erblüht
und verzaubert dich
mit ihrem betörenden Duft.
Pflege sie zärtlich,
diese Blüte unserer Liebe,
sie ist unser höchstes Gut.

Heute

Heute blühte in mir ein Zweig der Hoffnung auf.

Heute, als du mir sagtest, wie sehr du mich brauchst.

Heute kehrte für mich der Frühling zurück.

Hahnenfuß

Ob Butterblume, Hahnenfuß,

zum Anschau'n bist du ein Genuß.

Du reckst dich auf der grünen Weide

im buttergelben Sommerkleide.

Umringt von Blumen aller Arten,

lebst du in Gottes wildem Garten.

Paß auf, daß keine Kuh dich frißt,

was dann alsbald dein Ende ist.

Vergißmeinnicht

„Vergiß mein nicht", das waren deine letzten Worte.

Sie liegen mir noch heute im Ohr.

Seitdem habe ich dich nicht mehr gesehen.

Vergessen konnte ich dich nie.

Zur Erinnerung an dich blühen jedes Jahr

in meinem Garten tiefblaue Vergißmeinnicht.

Tränende Herzen

Wie gerne würde ich warten
unter der Linde, auf dich, mein Schatz.
Du schenktest dein Herz einer ander'n,
nun ist dort ihr Lieblingsplatz.

Und hundert tränende Herzen,
die weinen mit mir im Mai,
wenn ich an mein Liebchen nur denke,
bricht mir mein Herze entzwei.

Mio Amor

In einer lauen Frühlingsnacht
erlagen zwei Herzen der Liebesmacht.
„Mio Amore, Mio Amor",
flüstert die Biene der Raupe ins Ohr.

Ja, küß' mich nur, du kesse Biene,
und summ' ein Lied zur Mandoline,
dann schenk ich dir, was ich empfing,
und werd' für dich ein Schmetterling.

Wir könnten wie Verliebte plauschen,
am Blütennektar uns berauschen,
uns lustvoll in die Lüfte schwingen
und froh das Lied des Sommers singen.

Gern würd' ich dich küssen, mein Augenstern,
doch hab' ich dich auch als Falter noch gern?

Dein Haarkleid paßt so gut zu meinem,
bin ganz verrückt nach deinen Beinen,
aber dich als Schmetterling,
ist, glaube ich, nicht ganz mein Ding.

Und die Moral von der Geschicht:
„Was du nicht kennst, das küsse nicht."

Erinnerung

Die Erinnerung bringt mir zurück,

was ich längst verloren geglaubt.

Ich schwelge in meinen Erinnerungen,

träume mich zurück in schöne Zeiten,

finde viele verlorengeglaubte Kostbarkeiten.

Und die schlechten Zeiten?

Da habe ich tatsächlich Erinnerungslücken.

Zeit zum Anwurzeln

Gib dem jungen Pflänzchen
unserer Liebe noch etwas Zeit,
damit es Wurzeln schlagen
und sich festhalten kann,
um auch einem heftigen Windstoß
die Stirn bieten zu können.

Vater

Ein bezaubernder Frühlingstag im Mai.
Er verführt mich dazu, im blühenden Garten
ein paar Blumen zu pflücken und sie zum
Friedhof zu tragen.
Eine eigentümliche Stille empfängt mich hier.
Schwere, von Stiefmütterchen
duftgeschwängerte Luft
sauge ich in mich hinein.
So intensiv können Blumen nur
in der Maisonne duften.
Gedankenverloren schlendere ich
zu einem mir vertrauten Grab.
Die Ruhe tut gut. Es rührt sich nichts.
Fast ist es ist so, als wage kein Laut,
diese Stille zu durchbrechen.
Eine Hand voll Erde lasse ich
durch meine Finger rieseln.
Erde, die uns alle einmal aufnimmt.
Ob Freund oder Feind, ob gut oder böse,
der Erde ist das egal.
Mein Vater kommt mir in den Sinn.
Warum darf er nicht in dieser
Heimaterde ruhen?
Warum können diese bunten Frühlingsboten
nicht sein Grab schmücken?

Wo mag er zur letzten Ruhe gebettet sein?
Werde ich es je einmal erfahren?
Das Land, in dem er als Soldat sein Leben
lassen mußte, ist mir fremd geblieben,
so fremd wie auch er mir blieb.
Wie gerne hätte ich einmal den Klang
seiner Stimme oder sein Lachen gehört.
Wie sehr hatte ich mir immer gewünscht,
daß seine Arme mich umschlingen,
seine Hand mir über den Kopf streicht.
Er hatte sich so sehr auf mich gefreut
und durfte mich nur ganz kurz erleben.
Ob Menschen, die immer einen Vater
hatten, begreifen können,
welche Sehnsüchte und Wünsche
vaterlose Kinder haben?

Einmal wird auch mich diese Erde
aufnehmen. Dann werde ich meine
Sehnsucht stillen können.
Sicher schließt er mich dann
in seine starken Arme.
Vielleicht stehen später meine Kinder
einmal hier am Grab.
Dann werde ich ihm zublinzeln
und sagen: "Wieder Menschen,
die Sehnsucht haben, Vater."

Der alte Kirschbaum

Gerade hatte ich ihn in seinem prächtigen
weißen Kleid aus Blütenschaum
bewundert und besungen.
Hatte er sich doch geschmückt
wie eine junge Braut zum Hochzeitsfest.
Kaum einmal weggeschaut, präsentiert
er sich mir im satten Grün,
winkt keck mit seinen Blätterhänden
und zeigt mir dabei seine
zarten Fruchtansätze.
Mir geht das alles zu schnell,
ich werde wohl alt.

Frühlingsgruß

Die erste Anemone
im Garten ist erwacht,
als Liebesgruß des Frühlings
mir herzlich zugedacht.

Jetzt weiß ich sicher, er ist da
und hat mit aller Kraft
des Winters eis'gen Widerstand
besiegt und hingerafft.

Frühling

Keine Macht der Welt
kann ihn aufhalten,
kein Mensch sich
ihm entziehen,
er ist einfach da.
Man sieht ihn, riecht ihn,
hört ihn, fühlt ihn,
ja, man lebt ihn sogar.

Frühlingserwachen

Aufbricht, was ängstlich
sich verborgen hielt,
ganz leis',
so wie von Geisterhand.

Vom Frühlingswind
wird sanft umspielt,
was gestern noch
in brauner Hülle stand.

Das Veilchen

Gerade hatte die Erde sich

ihres Winterkleides entledigt

und die Frühlingssonne

einmal kräftig gelacht,

da standest du,

wie vom Himmel gefallen,

plötzlich vor mir.

Du schautest mich mit deinen

tiefblauen Augen

so hingebungsvoll an,

daß ich mir eine Träne nicht

verkneifen konnte.

Es war eine Freudenträne.

Zufriedenheit

Solange du dich noch

an der Blüte eines Veilchens

erfreuen kannst,

solange wohnt in dir

noch Zufriedenheit

und Begeisterung.

Gänseblümchen

Er liebt mich,

und er liebt mich nicht...

Wer sieht dein ängstliches Gesicht?

Wer fühlt den Schmerz,

den du mußt ertragen?

Bei einer Rose würde man sagen:

„Wie kann man nur,

die schöne Blüte?"

Doch keinem geht wohl zu Gemüte,

daß du auch eine Blume bist

und es um dich genauso schade ist.

Liebe ist...

Die Liebe ist ein wunderbares Geheimnis,

das einzig und allein nur Gott kennt.

Schneeglöckchen

Trotz deiner anmutigen Zartheit
hast du es gewagt,
dem Winter Paroli zu bieten,
das Eis zu sprengen.
Es kostet natürlich Mut,
und du riskierst auch den Kopf dabei,
doch der Erfolg läßt nicht auf sich warten.
Allmählich begreifen auch ein paar andere
und folgen deinem Beispiel.

Befreiung

Noch nie habe ich den Frühling,

die Befreiung von Eis und Kälte,

so sehr herbeigesehnt wie in diesem Jahr.

Einem Jahr, von dem ich mehr Gerechtigkeit

und Ehrlichkeit erwarte als bisher.

Der Frühling kommt bestimmt.

Du

Unter dem Blütenzauber der Bäume,

umspielt vom Flair der Frühlingsdüfte,

begegnen sich zwei Augenpaare.

Fesselnde Momente,

klopfende Herzen.

Durchhalten oder abbrechen?

Funken springen über,

zwei Münder formen sich zu einem Lächeln

und hauchen ein zärtliches „Du".

Das Wort Liebe

Wer mit dem Wort „Liebe"
um sich wirft wie der Frühlingswind
mit dem Blütenzauber,
der hat das Wort nicht verstanden
oder die Liebe nie erlebt.

Sommer

Der Frühling schwand fast über Nacht,
hat lautlos sich verzogen.
Er hat dem Sommer Platz gemacht,
läßt grüne Flächen wogen.

Kornblum', Margerite, Mohn,
die lieben Schwalbenpaare,
sie alle sind vertreten schon
als schönste Exemplare.

Über Wiese, Feld und Rain
froh meine Blicke streifen.
Meine Kindheit fällt mir ein,
laß' frei Gedanken schweifen.

Am Feldrand pflückte ich ganz vorn
so machne Sommerblume.
Kein Schritt zu weit, zu nah' ans Korn,
da hauste „Roggenmuhme".

Doch das alleine war es nicht,
was mich vom Korn hielt fern:
Die Achtung vor dem Brot, ganz schlicht,
die Ehrfurcht vor dem Herrn.

Ach, war das eine schöne Zeit,
wenn Grasmahd stand ins Land!
Die Sense fuhr durchs grüne Kleid,
geführt von starker Hand.

Zur Mittagsstunde holte ich
den Speisekorb vom Haus.
Ein jeder stärkt' und labte sich
und ruht' ein wenig aus.

Der kräftig herbe Kräuterduft
vom frischgemähten Grase
erfüllte rings die ganze Luft,
liegt mir noch in der Nase.

Am Abend stellte Mutter dann
zum selbstgeback'nen Stuten
die reifen Erdbeer'n obenan,
ein Schmaus für Kinderschnuten.

Dann wurde draußen auf der Bank
noch gern ein Lied gesungen.
So war mit Freude, Lob und Dank
ein Sommertag verklungen.

Abendruh'

Still sitze ich auf einer Bank
und schau' der Sonne zu,
wie sie den Tag sich neigen läßt
und alles bringt zur Ruh'.

Ich atme frische Abendluft,
sag „Dank" für diesen Tag
und hoffe, daß der Sonnenschein
mich morgen wecken mag.

Goldlack

Goldlack, dein süßer Duft läßt

glückliche Kindheitserinnerungen

in mir aufstrahlen.

Du gehörtest zum Sommer

wie das Wasser zum Bad.

Schon dein Name war beeindruckend

für eine Kinderseele.

Goldlack, in meinem Garten?

Eine Ehre, ein Göttergruß?

Allein mit mir

Allein in meinem wilden Garten,
allein mit meinen Träumen,
allein mit meinen Verletzungen,
allein mit meinen Erinnerungen,
allein mit mir.
Wohltaten!
Eine Stimme ruft mich
in die Realität zurück.
Schade, es war so ein
wunderschöner Ausflug.

Menschlich

Du bist so schön wie eine

frisch erblühte Rose,

so betörend wie eine

laue Maiennacht,

so perfekt wie ein gefühlloser Automat.

Könnte ich doch nur einen

winzig kleinen Makel an dir

entdecken, der würde dich

sicher etwas nahbar

und menschlich machen.

Schmetterling

Dieser bunte Schmetterling
zog mich ganz in seinen Bann.
Seine elegante Schönheit,
seine graziöse Leichtigkeit
faszinierten mich,
hielten meinen Atem an.
Er genoß es
und sagte „Adieu!"
Mir blieb nicht einmal Zeit
zu fragen, wohin er flog.

Versteh'n

Da stehen wir und schau'n uns an,

hier am vertrauten Orte.

Schweigend nimmst du meine Hand;

„Versteh'n" braucht keine Worte.

Laßt mir meinen wilden Garten

Laßt mir meinen wilden Garten,
wo eines löst das and're ab;
wo alle Blumen auf mich warten
und Pflanzen, die so lieb ich hab'.

An allen ist mir viel gelegen,
ob grün nur oder farbensatt.
Wie kann man denn von Unkraut reden,
wenn es doch einen Namen hat?

Im Frühjahr kann ich's kaum erwarten,
wenn es grünt und sprießt schon hier und dort.
Oh, laßt mir meinen wilden Garten
und tragt kein Hälmchen von ihm fort.

Im Sommer wogt es wie ein Meer,
es blühen Blumen aller Arten.
Immer neue, immer mehr,
in meinem prächt'gen wilden Garten.

Wenn Veilchen hin bis zu den Winden,
Vergißmeinnicht und Rosenbaum
im wilden Garten sich verbinden,
verschmelzen sie zum Blütentraum.

Dann ist mir so, als hätt' der Himmel
den Garten sanft und still geküßt,
ich spür' nicht mehr das Erdgewimmel,
atme tief den Duft, der um mich ist.

Laßt mir meinen wilden Garten,
er schenkt mir Muße, Glück und Freud'.
Die Blumen immer auf mich warten,
vom Frühtau bis zur Dämmerzeit.

Und muß ich einmal Abschied nehmen
von allen, die so lieb ich hab',
grabt aus die allerkleinste Blume
und pflanz sie still mir auf mein Grab.

Auf der Suche

Meine Seele irrte
auf dem Weg der Einsamkeit.
Dort fand sie einen Stein,
einen kostbaren Edelstein.
Sie fand dich.

Voller Leben

Nur einmal küssen wollte ich die junge Knospe,

sie nur ganz sanft

mit meinen Lippen berühren.

Und schon entfaltete vor mir

die schönste Rose ihre Blütenpracht,

verwirrte mit ihrem betörenden

Duft meine Sinne.

Sicher war ich mir der Tragweite

eines zarten Kusses nicht bewußt.

Ewige Sinfonie

Wie ein Märchenprinz hat wachgeküßt

der Lenz die schlummernde Natur.

Und wenn du ganz, ganz leise bist,

hörst du's läuten in Moll und in Dur.

Der Frühling kam in Knospenschuhen,

berührte die Erde ganz sacht

und hat mit lieblichem Flötenspiel

die Natur in Wallung gebracht.

Die Vögelein vernahmen sofort

die bezaubernde Melodie

und haben begeistert eingestimmt

in die ewige Sinfonie.

Festhalten

Keck läßt der Frühlingswind
zarte Blütenflocken regnen.
Früher schüttelte ich sie mir lachend ab
und hielt die leeren Hände wieder hin,
um neue einzufangen.
Heute freue ich mich,
wenn sich ein paar Blüten
an meinen Haaren festhalten.

Maiennacht

Süße Maiennacht,
alles schlummert schon,
nur deine betörenden Düfte
erfüllen die Luft der sinkenden Nacht.
Eine exquisite Mischung,
schwer und süß
und verlockend.
Ich atme, atme,
fühle mich leicht, frei, schwerelos,
schwebe im Rausch der Düfte.

Pusteblumen

Was gestern leuchtendgelb hier stand,
ich heute weiß und flockig fand.
Ein Meer von Pusteblumen
steht da, zum Flug bereit,
und eine leichte Brise,
trägt übers Land sie weit.
An jedes Schirmchen hänge
ich meine Sehnsucht dann,
damit vielleicht auch eines
dein Herz erreichen kann.

Draußen ist es Frühling...

...und ich warte drinnen

voll Sehnsucht auf deinen Anruf.

Immer diese heimliche Hoffnung,

auf ein Läuten des Telefons

und gleichzeitig die quälende Angst

vor einer Enttäuschung.

Was nützt draußen der verführerischste

Frühling, wenn drinnen

das Herz weint?

Frühlingsgeschenke

Eine Hand voll Blütenschaum,

einen Arm voll Frühlingswind,

ein Herz voll Freude,

einen Kopf voll Flausen.

Frühlingsabend

Es ruht der See.
Kein Lüftchen regt sich,
und kein Wellenschlag
kräuselt das stille Wasser.
Friedlich ziehen ein paar
Stockenten ihre Bahnen.
Die Vögel lassen ihre Weisen
ausklingen, und die Nacht verweilt
noch ein wenig unter den
Kerzen der Kastanie.
Gänseblümchen und Löwenzahn
sind nebeneinander eingenickt.
Eine Handvoll verrückter Maikäfer
umschwirrt das fahle Licht der
Straßenlaterne, und in der Ferne
weint ein einsamer Hund seinen
Kummer in die Abendstille.
Lautlos machen sich ein paar
Wolken breit, als müßten sie
der Nacht behilflich sein,
den Himmel zu verdunkeln.

Löwenzahn

Löwenzahn ein Grobian?

Nein, das ist er sicher nicht,

wenn sein Name auch so spricht.

Die Blätter wirken zwar bedrohlich

wie eines Löwen Zahn,

doch sie sind harmlos, zart und wohlig,

der Name ist direkt ein Wahn.

Sein Goldschopf strahlt im Sonnenlicht,

hat ein so liebliches Gesicht.

Sein Name muß ihn tief verwunden,

wer hat so was nur erfunden?

Tränende Herzen

Keine Heulsuse, kein Klageweib,
kein tränenverschmiertes Gesicht.
Nein, eine bezaubernde Schönheit,
die ganz verschmitzt eine Freudenträne
im Augenwinkel trägt,
einen süßen Tropfen Herzblut.

Herzlich willkommen

Herzlich willkommen, junger Morgen!
Meistens bist du schon da,
wenn ich gerade erst aufwache.
Mit hellem, erwartungsvollem Blick
schaust du mich an, während ich mir
noch mühsam den Schlaf
aus den Augen reibe.
Was immer du mir heute bringen magst,
ob Sonnenschein oder Regen,
ob Freude oder Leid,
warte damit, bis ich meinen
Kaffee getrunken habe,
dann bin ich bereit,
mich dir zu stellen.

Die Unscheinbaren

Du hast sie so sehr geliebt,
die ersten kleinen Veilchen,
und die Maiglocken, die für dich
wie kostbare Perlen waren.
All das Zarte lag dir so am Herzen.
Die Rose brachst du nicht,
es reichte dir, sie still zu bewundern.
Als deine Augen trübe wurden,
hast du dich mit dem Wohlgeruch
der Blüten begnügt.
Heute kann ich nur noch mit der
blühenden Pracht dein Grab schmücken,
besonders mit den Kleinen,
den Unscheinbaren,
die dir so am Herzen lagen.

Wiesenschaumkraut

Die Wiese schäumt,

nein, nicht vor Wut,

es geht ihr ganz besonders gut.

Der Lenz ist da, hat sie geküßt,

und ob er sie beschenken müßt,

hat er sie lila eingeschäumt.

Sie hat davon schon lang geträumt.

Sie räkelt sich im zarten Kleid,

doch ziert's sie nur für kurze Zeit.

Maisonne!

Na endlich!

Hast lange auf dich warten lassen.
Der Wiese Tränengesicht erstrahlt
und läßt ein Meer von
Löwenzahnkindern erwachen.
Sie recken und strecken dir
mit langen Hälsen ihre Gold-
schöpfchen entgegen.
Für dich hat sich der Kastanienbaum
mit Kerzen geschmückt,
und großzügig versprüht der Flieder
süße Duftwolken.
Waldmeister regiert am Wegesrand
und zeigt der Maibowle, wo's langgeht.

Gefährlich lange

Zu lange hast du mir
in die Augen geschaut.
Gefährlich lange!
Seitdem trage ich dein Bild
in meinem Herzen
und träume von einem Lied,
das ich nie singen darf.

Das sind die Sommertage

In früher Morgenstunde
die Lerche steigt empor.
Sie singt aus vollem Munde,
ihr Lied dringt an mein Ohr.

Vom Himmel strahlt die Sonne;
das Herz klopft laut vor Lust;
die Seele sprüht vor Wonne,
erfüllt mit Freud die Brust.

Das Rauschen grüner Bäume
klingt in mir wie ein Lied,
und unvergessene Träume,
die schwingen leise mit.

Der Seele wachsen Flügel,
sie schwingt sich himmelwärts;
trägt über Tal und Hügel,
was einst bedrückt mein Herz.

Das sind die Sommertage,
die spielend dies vollbracht.
Das ist des Vaters Gnade,
die mich so fröhlich macht.

Heute

Grüble nicht über Vergangenes,

du kannst nichts ungeschehen machen.

Sorge dich nicht um die Zukunft,

es kommt sowieso anders,

sondern nutze das „Heute",

es steht mit offenen Armen vor dir.

Glaube mir, so gibst du

Wundern eine Chance.

Was formt

Zähle nicht nur die Sonnentage
deines Lebens.
Gerade die schweren,
die Unwettertage sind es,
die dich formen
und reifen lassen.

Schöne Sommerzeit

Es riecht nach Sommer ringsumher,
nach prallen Blüten, satt und schwer,
nach trocknem Gras und grünem Laub,
nach reifem Korn und Blütenstaub.

Glühendheiß vom Himmelszelt
der Sonnenschein herniederfällt.
Ein Flimmern durch die Lüfte zieht,
die Grillen zirpen froh ihr Lied.

Im grünen Farn die Mücken spielen,
am Tümpelrand die Frösche schielen.
Die Bienen hängen sich mit Freud'
an der Heide Glockenkleid.

Schmetterlinge aller Arten
tauchen ein im Blütengarten.
Kein Windhauch sich nur regen mag
an diesem schönen Sommertag.

Unentschlossen

Du stehst vor meinem Gartentor
und weißt, es ist nur angelehnt.
Es sind noch ein paar Schritte bis
zu meiner Haustür, doch du traust
dich nicht, sie zu gehen.
Ich fühle in mir eine tiefe Sehnsucht brennen
und weiß, sie glüht auch in dir.
Wovor hast du noch Angst?
Laß mich den Kerker aufschließen,
in dem du deine Gefühle gefangen hältst.

Meine Stunde

Am frühen Morgen,
wenn die Sonne aus dem Meer steigt,
die Elfen noch ihren Reigen tanzen
und feuchte Nebelschwaden langsam
ihre Vorhänge fallen lassen,
dann ist meine Stunde gekommen.
Dann bitte ich Pan,
nur für mich zu spielen,
damit meiner Seele Flügel wachsen,
um sich in dein Herz zu schwingen.

Die alte Weide

Nein, sie sah auch im Winter nicht
aus wie eine verschrobene Alte
mit ungekämmten Haaren.
Selbst in ihrer Nacktheit war sie
bewundernswert schön und so
sanft, die alte Trauerweide
in Nachbars Garten.
Wir liebten uns, hielten oft ein
Pläuschchen, und sie umspielte
mich dabei mit ihren langen Ruten.
Im Frühling und Sommer erzählte sie
mir von den vielen Vögeln,
die bei ihr ein Zuhause fanden.
HEUTE STARB SIE.
Sie fiel keiner Axt zum Opfer,
nein, scheibchenweise mußte
sie ihr Leben lassen.
Der Himmel trauerte mit mir
und ließ seinen Tränen freien Lauf.
Bald werde ich an ihrer Statt
eine Klinkermauer betrachten können,
aus echten, handgeformten Steinen.

Gestutzte Flügel

Du schwerelos tanzender Schmetterling,

mal hier, mal dort,

du hast die Träne in meinem Auge gesehen,

die Träne, die ich weinte, als ich begriff,

daß meine Flügel gestutzt sind.

Diese Rose

In deinen Armen fühlte ich mich
wie in einer Rosenblüte eingebettet.
Jedes Blatt eine sanfte Berührung,
jeder Hauch ein betörender Duft.
Als unsere Lippen sich lösten,
wußte ich, ohne diese Rose
kann nicht mehr leben.

Wertvoll

Da gibt es einen Menschen,
den ich liebe,
der mir alles bedeutet.
Den Blumen und den Vögeln
habe ich von ihm erzählt,
und sie meinten,
er sei es wert.

Goldene Abendsonne,

du sendest deine warmen Strahlen auf die müde Erde herab.

Vor dir stehen die Bäume wie schwarze Recken.

Sie können deinen Glanz nicht mindern.

Sanft streichelst du die Erde, bevor sie sich zur Ruhe begibt.

Alles atmet noch einmal auf, saugt sich satt an deiner Pracht.

Der Teich verwandelt sich in einen goldenen Spiegel.

Er möchte dir zurückgeben, was du schenktest.

Erlebte Wonne des Tages kehrt kurz zurück.

Dann wird es ruhig und still.

Der fröhliche Gesang der Vögel verstummt.

Ein leiser Windhauch läßt die Blätter der Bäume erbeben,

als müßten sie noch ein Schlaflied säuseln.

Lautlos verschwindest du hinter den dunklen Bäumen,

du goldene Abendsonne.

Jugendliebe

Jung und verliebt waren wir,
als wir uns an dem verträumten,
halbverfallenen Haus mit den
uralten Bäumen heimlich trafen.

Wir hörten das Käuzchen schreien,
belauschten die Winde und
nahmen das Geflüster der
wilden Blumen wahr.
Wir küßten uns im Mondenschein
und glaubten uns im siebten Himmel.

Die Ruine gibt es heute noch,
und die Winde verfangen sich
weiterhin in den alten Bäumen.
Nur dich gibt es nicht mehr,
dich, du meine große Liebe.
Ich wäre so gerne mit dir
alt geworden.

Teerosen

Das kleine, verträumte Gartenhaus,

in dem wir einst zarte Küsse tauschten,

gibt es schon lange nicht mehr.

Nur die gelben Teerosen,

die uns damals belauschten,

von denen du glaubtest,

daß ihre Wangen vor Aufregung

glühten, wenn wir uns küßten,

sie blühen noch und erinnern

an unsere junge Liebe.

Juni-Rosenmonat

Rosen sprießen an allen Ecken,
fallen dir förmlich in den Weg.
Kletterrosen wagen den Blick
durchs Fenster, begrüßen dich
blutrot schon am frühen Morgen,
und leiser Windhauch atmet
süßen Duft in den Raum.
Genieße das Bad in den Rosen-
blüten, schlürfe ihren Duft,
damit du dich auch im Winter
noch erinnern kannst.

Heide

Zur Sommerzeit die Heide,
wenn das Heidekraut erblüht,
im rosaroten Kleide
wie ein Teppich vor mir liegt.

Laß liebevoll umfangen
mich von der Ruhe dort.
Kann stillen mein Verlangen
nach einem trauten Ort.

Schau zu dem Tanz der Immen,
der lust'gen Bienenschar.
Lausch still den Vogelstimmen,
dem Sang so hell und klar.

Vom nahen Tümpel quakt er,
der Frosch, der breite Mann.

Darüber schwingt ein Reiher
sich in die Lüfte dann.

Ganz leise stimmen Birken
mit ihrem Rauschen ein.
Vollenden dann das Wirken
der sanften Melodei'n.

Es ist eine Augenweide,
ein Streicheln fürs Gemüt,
wenn man im Sommerkleide
die Heide vor sich sieht.

In mir schlägt Freude Wogen,
beglückt die Seel' wie nie.
Fühl' mich ganz einbezogen
als Teil der Symphonie.

Der kleine Unterschied

Du meidest die Distel, weil sie dicht sticht,

doch die Dornen der Rose stören dich nicht.

Ein Sommertag

Auf einer Sommerwiese liegen,

deine Nähe spüren, dicht bei mir;

in Gedanken mit den Schwalben fliegen,

mit den Wolken ziehen, neben dir.

Mich küssen lassen von der Sonne

und streicheln von dem sanften Wind,

Freiheit schlürfen voller Wonne,

bis Druck und Last verflogen sind.

An Blütendüften mich berauschen

und staunend schau'n, solang ich mag.

Den frohen Vogelstimmen lauschen,

das ist für mich ein Sommertag.

Rose

Du wunderschöne Rose,
Königin der Blumenwelt.
Dein Duft ist so betörend,
deine Grazie, die gefällt.

Du weißt um deine Schönheit
und zeigst sie unvermessen.
Doch will ich wegen der Rose,
das Veilchen nicht vergessen.

Roter Mohn

Roter Mohn, wie bist du schön,

du Elfe unter den Blumen.

Deine Blütenblätter sind so zart wie ein Hauch

und doch so prall mit Liebe gefüllt,

als hätte sich ein ganzes Herz in dir ausgeblutet.

Alle meine Sehnsucht, meinen Schmerz, meine Liebe

vereinigst du in dir.

Wiege noch lange dein Köpfchen im Sommerwind,

mein roter Mohn.

Phlox

Phlox, Blume meiner Kindheit.
Aus jedem Garten quoll dein süßer,
betörender Duft, umarmte die ganze Atmosphäre.
Häufig verführtest du mich dazu,
den köstlichen Nektar aus deinen
Blütenstengelchen zu saugen.

Bei Fliegeralarm den kleinen Körper
im Garten fest auf den Boden gepreßt,
hülltest du mich ein mit deinen Blättern
und deinem Wohlgeruch.
Nach der Entwarnung von deinem Duft
betäubt, gebadet in Angstschweiß,
mit zitternden Knien
wieder einmal einem Tieffliegerangriff
entkommen.

Monsieur Victor

Der Krieg führte uns zusammen,
dich, den gefangenen französischen Offizier,
der freiwillig bei meinem Großvater Dienst tat,
und mich, das kleine, deutsche Mädchen.
In deinem Herzen brannte die Sehnsucht
nach Heimat und Familie,
in meinem die nach dem gefallenen Vater.
Wir ergänzten uns gegenseitig.
Du reichtest mir deine väterliche Hand,
stilltest meinen Wissensdurst.
Ich belohnte dich mit frischem Kinderlachen
und kindlicher Unbefangenheit.
Zärtlich nanntest du mich: „bebe",
und ich dich liebevoll: „Monsieur Victor".

Jeden Sonntag erwartete ich dich ungeduldig
an dem großen Tor unserer Hofeinfahrt.
Vertrauensvoll legte ich meine kleine
Kinderhand in deine große Männerhand.
Fröhlich spazierten wir
über duftende Wiesen und Felder.
Die Feld-, Wald- und Wiesendüfte
betörten mich schon als Kind.
Lag es vielleicht an dir?
Voller Begeisterung erklärtest du mir
die Wunder der Natur.

Den Arm voller Wiesenblumen,
sangen wir lauthals
deine und meine Kinderlieder.
Flogen die Schwalben über unsere Köpfe,
warst du fest davon überzeugt,
daß sie dir Grüße aus Frankreich brächten.
Später habe ich so gedacht.

Ah, wie roch es gut,
wenn wir heimlich Froschschenkel brieten
und dazu frischen Löwenzahnsalat aßen.
Du liebtest unseren großen Garten
mit seiner unbeschreiblichen Blütenpracht.
Körbeweise sammelten wir hier Beeren,
damit du deinen Wein ansetzen konntest,
darin warst du ein Spezialist, eben ein Franzose.
Stets ließest du mich das erste Glas
des jungen Weines kosten.
Du schenktest mir, trotz Kriegswirren,
eine wunderbare, unvergessene Zeit.

Es folgte das Kriegsende.
Tränen der Freude und des Abschiedes flossen.
Komm zurück, bitte, komm zurück, flehte ich dich an.
Du nicktest stumm mit tränenfeuchten Augen
und strichst mir zärtlich über die Wange.
Es folgten Jahre des Schweigens.
Du fehltest mir sehr.

Irgendwann kam ein Lebenszeichen von dir.
Irgendwann machte ich mich auf die Suche.
Irgendwann fand ich dich -----
auf dem Friedhof in Besançon.
Alle Erinnerungen wurden an deinem Grabe wach.
Da waren wieder die Geschichten
vom bunten Papillon,
von der kleinen Marionette Margot,
von dem fliegenden Parapluie.

- Fini. -

Sicher hättest du mir jetzt
liebend gern deine Heimat gezeigt.
Nun mußte ich sie alleine erforschen.
Ich begann damit auf dem Kopfsteinpflaster
der Zitadelle von Besançon.
Hier war ich mir ganz sicher,
in deine Fußstapfen zu treten,
Monsieur Victor.

Was ist Liebe?

Sie läßt sich nicht beschreiben,
nicht erklären.
Liebe einfach,
und du wirst die Antwort finden.

Warnung der Rose

Komm mir nicht zu nahe,
bescheide dich.
So mancher schon mußte
den Kuß einer Rose
hinterher teuer bezahlen.

Verliebt

Mit einem Bauch voll Schmetterlingen

kann man die Blumen flüstern

und den Wind singen hören.

Glockenblumen

Es ist eure Zeit, ihr Glockenblumen.

Läutet, läutet, Hochzeit ist angesagt;

und alle Verliebten werden

euren Klang vernehmen.

Buchenwald

1945
(Zur Erinnerung an Dich, Onkel Ernst)

Fremder Mann,
im üppig blühenden Sommergarten
stehen wir uns gegenüber.
Du, der Häftling aus Buchenwald,
ich, das sechsjährige Mädchen.
Eigenartig schaust du aus.
Dein Gesicht wie eine Maske,
dein Körper nur ein Gerippe.
Deine Augen schauen durch mich hindurch,
du sprichst kein Wort mit mir.
Bist du etwa stumm oder taub?
Dein stumpfer Blick scheint nur auf die
Blütenpracht gerichtet zu sein
und ist doch so weit weg.
Noch in Buchenwald, was weiß ich davon?

Ja, deine Gedanken waren noch in Buchenwald,
wie du später bruchstückhaft berichtet hast.
Du warst wirklich sprachlos geworden,
hattest noch all die erlebten Grausamkeiten
vor deinen Augen:
Die gequälten, geschundenen Leiber
auf den harten Holzpritschen,
Gerippe in zerlumpter Kleidung.

Gesichter, die eigentlich keine mehr waren,
schmerzverzehrt, mehr tot als lebendig.
In den Ohren noch die Schreie des totgeprügelten
Kameraden, der seinen übermächtigen Hunger
mit einer Handvoll abgerissener Blätter
zu stillen versuchte.
Siehst vor dir noch die gegerbten Menschenhäute,
die dich schaudern lassen.
Spürst noch den ständig nagenden Hunger,
die Angst vor Prügel und Folter,
vor den unmenschlichen medizinischen
Versuchen, dem grausamen Sterben.
Totale Entwürdigung, mehr Tier als Mensch,
und doch ein Mensch.
Oh, fremder Mann,
wirst du dich je wieder an das Menschsein
gewöhnen, je noch einmal wieder lachen können?
Werden diese schrecklichen Erfahrungen irgendwann
in deinem Leben verblassen?
Später habe ich nicht gewagt, dich danach zu fragen,
um dir nicht weh zu tun,
aber lachend oder ausgelassen
habe ich dich nie erlebt.

Blumen am Wegrand

Genieße die Pracht der Blumen,

die am Wegrand blühen.

Schaue dich satt und erfahre

ihre tausend Düfte,

aber brich die Blumen nicht.

Viele Menschen nach dir

dürfen dann auch noch

dieses Erlebnis haben.

Rittersporn

Rittersporn, der mir das Blau

aus den Augen stahl,

was flüsterst du mir ständig ins Ohr?

Du weißt doch, wie sehr ich dich liebe,

zu dir aufschaue.

Wenn der neidische Wind versucht,

deinen Stolz zu beugen,

deine Schönheit zu beleidigen,

bin es doch immer ich,

die dich aufrichtet, dir Halt gibt.

Glaubst du mir jetzt,

daß ich dich liebe?

...und drinnen träumt der Frühling

Du sitzt am Kamin und träumst vor dich hin.
Bewundernd schaue ich dich an.
Trotz leicht ergrauter Schläfen hast du dir
etwas Mädchenhaftes, Jugendliches bewahrt.
Ich könnte mich sofort in dich verlieben,
wenn ich es nicht schon lange wäre.

Draußen prasselt der Regen gegen die
Scheiben, der Herbstwind treibt die
letzten Blätter vor sich her, und hier
drinnen träumt der Frühling.

Kornblume

Kornblumen ein Unkraut?

Wenn das so ist,

ernenne ich für mich

Unkraut zum Unwort.

Bunter Schmetterling

Oh, wie war ich verliebt in dich.
Du warst so elegant, so charmant
und wunderschön.
Deine Küsse waren so heiß und innig,
deine Berührungen ein einziger Traum.
Du hast meine Bewunderung genossen,
aufgesogen.
Als ich bemerkte, daß du nicht nur mich
küßtest, sondern lustig von Blüte zu Blüte
schwebtest, mochte ich dich nicht mehr.
Bis dahin hatte ich wirklich geglaubt,
du könntest mir ganz allein gehören,
du bunter Schmetterling.

Die Wicke

Die schlanke Wicke klettert gelenkig
am Zaun empor und beobachtet
neugierig Nachbars Garten.
Wenn das junge Paar sich dort
mit sehnsüchtigen Blicken verzehrt
und ihre Lippen sich zärtlich begegnen,
schlägt sie verschämt die Augen nieder,
und eine leichte Schamröte steigt ihr ins Gesicht.
Hätte man das der kleinen Wicke zugetraut?

Falten

Wie die Jahresringe eines Baumes
sind die Falten in deinem Gesicht.
Es sind Beweise eines gelebten Lebens,
Zeugen von Freude und Leid.

Blumen

Ich liebe die Blumen,

ihre Vielfältigkeit, ihre Farbenpracht,

vom freundlichen Lachen der Sonnenblume

bis zur grazilen Anmut der Rose.

Das Auge kann sich nicht satt sehen an den

vielen Wunderwerken.

Doch bei aller Pracht und Schönheit

zeigen sie mir auch ihre Endlichkeit,

die mich lehrt,

selbst für ein ganz kurzes Glück dankbar zu sein.

Garten der Liebe

Laßt uns lustwandeln
im Garten unserer Liebe.
Es gibt dort allerhand
zu entdecken, und so manches
lauschige Plätzchen lädt zum
Verweilen ein.
Laßt uns gehen,
bevor die Blumen verblüht sind
und der Herbstwind
die Blätter fortträgt.

Letzte Rose

Gerade noch standest du vor mir
in deiner ganzen Pracht und Schönheit.
Ein leiser Windhauch
ließ dich vor meinen Augen vergeh'n.
Betroffen halte ich deine Blütenblätter
in meiner Hand, atme noch einmal
deinen betörenden Duft.
Jetzt weiß ich, es wird Winter,
und etwas wird bleiben,
das mich an dich erinnert.

Rückschau

Eigentlich sind es gar nicht
die frohen Sommertage mit
ihrer wohligen Wärme und
den bunten Blumen,
die mich zurückschauen lassen.
Es sind eher die stürmischen,
kalten und entbehrungsreichen
Wintertage, die mich stark
und lebenstüchtig machten.

Apfelernte

Eine Leiter lehnt am Apfelbaum.

Rote Wangen drohen zu zerbersten.

Wie mit Samtpfoten werden sie Stück

für Stück in den Korb gelegt und

noch sorgfältiger gelagert.

Blankgewienert sollen sie auf dem

Weihnachtsteller leuchten und

zum Anbeißen verführen,

ein kleines bißchen Sommersüße

in den Winter hinüberretten.

Die Brombeerhecke

Um die Ecke, in die Hecke,

duck dich, hui, es ist geschafft.

Eine Schürze voll gestohlener Äpfel

ist in Sicherheit gebracht.

Es flüstert und wispert,

es schmatzt und kichert,

dort unten in der Brombeerhecke.

Die Äpfel schmecken!

Wie war das mit den verbotenen Früchten?

Ganz ohne Blessuren ließ die Hecke

niemanden davonkommen.

Aber was war das schon gegen

einen Arm voll Kinderträume?

Nähe schenken

Da draußen, wo die Ahnen ruhen,
am Grabplatz mit dem großen Stein,
wo Immergrün und Efeu häkeln
sich über Erde und Gebein,
da sucht ich ihn, den treuen Vater
vergeblich, er kam nicht mehr heim.

Gar viele lange Lebensjahre
hat Mutter ohne ihn verbracht.
Er wäre so gern bei ihr geblieben,
doch hat der Krieg ihn umgebracht.

Die liebe Mutter schafft' und sorgte,
mußt' Vater nun und Mutter sein,
und Trauer trug sie stets im Herzen,
fühlt' einsam sich und oft allein.

Selbst jetzt im Tod kann sie nicht ruhen
an des geliebten Gatten Seite.
Allein im Leben, wie im Tod,
schenke Du ihr Deine Nähe heute.

Gefangen

Gefangen im Spinnennetz des Lebens.

Ausgesaugt, ausgelaugt, vergessen.

Verloren die Schönheit,

verloren die Träume,

verloren das große Ziel.

Das Spinnennetz glitzert

im Sonnenschein,

die Beute darin vertrocknet.

Störche

Wo kamen sie her?

Wo wollten sie hin?

Plötzlich waren sie da,

sieben langbeinige Weiß-Störche.

Eine Woche lang gründelten sie

mit ihren roten Schnäbeln

in den Tümpeln auf der Wiese

und machten reiche Beute.

Sie lockten viele Zuschauer an

und erweckten bei manchem

ein „Gute Hoffnung Gefühl".

Getrocknete Rosen

Da stehen sie vor mir,
die getrockneten Rosen,
und wenn ich meine Augen
schließe, kehren die
Erinnerungen an vergangenes
Glück zurück.

Spätsommer

Gelb liegen Stoppelfelder
in müder Sommerglut,
und fleiß'ge Schwalbenpaare
füttern die letzte Brut.

Trotz wolkenlosem Himmel
weht merklich kühl der Wind.
Man spürt, daß Sommertage
jetzt nur gezählt noch sind.

An Strauch und Baume färbt sich
schon hier und dort ein Blatt.
Die Brombeer'n reifen prächtig,
die Luft riecht schwer und satt.

Der See schlägt sanfte Wellen,
verführt kaum noch zum Bad.
Der Angler an dem Ufer
jetzt seine Ruhe hat.

Man fühlt des Sommers Neige,
schaut wehmütig zurück,
erahnt des Winters Kälte,
sehnt Frühlingszeit zurück.

Aushalten

Wenn der Duft
der Rosenblüten
verweht ist,
die Schmetterlinge
nicht mehr tanzen,
dann dauert es eine lange Zeit,
bis neue Knospen sprießen.
Und diese Zeit muß
ausgehalten werden.

Verblühte Jugend

Die längst verblühte Jugend
noch ein wenig festhalten.
Hier ein kleiner Pinselstrich,
dort ein zartes Düftchen.
Das grad' Vergangene noch nicht
Erinnerung werden lassen.
Noch etwas schwelgen
in Jugendgefühlen.
Ob es denn gelingt?

Immer mehr

Ich liebe dich noch immer,
nein, immer mehr.
Selbst im Herbst kann es
noch Frühlingstage geben.

Aus Steinen werden Stufen

Auf jedem deiner Wege
wirst du Steine finden.
Du kannst sie umgehen,
überspringen oder darüber
stolpern.
Du kannst aus ihnen
aber auch Stufen bauen,
Stufen, die dich weitertragen.

Abschied

Wenn die Schwalben sich verabschieden,

die Schatten länger werden,

und graue Nebelschleier sich um

den geliebten Apfelbaum legen,

dann höre ich die alte Trauerweide

leise vor sich hinweinen.

Sie fühlt die Kälte nahen,

weiß, daß der Zahn der Zeit

an ihr nagt.

Ob es im nächsten Frühling

ein Wiedersehen gibt,

steht noch in den Sternen.

Sommer ade

Mit meinen Haaren spielt
der laue Sommerwind,
Schwalben drehen letzte Runden.
Fast lustlos sammeln Bienen
süßen Nektar ein.
Des Rauschens müde,
sehnt Blattwerk sich
nach stillen Stunden.
Wilde Rosen versprühen
noch ein wenig Sommerduft,
aber es liegt schon
Abschied in der Luft.

Verlorene Liebe

Des Sommers letzte Rose
in meinem Garten stand,
als du mir gabst zum Abschied
noch einmal deine Hand.

Ich sah in deine Augen
und wußt', es ist vorbei.
Was zärtlich uns verbunden,
war dir jetzt einerlei.

Du bist den Weg gegangen,
der keine Umkehr kennt.
Du wolltest die Karriere,
die Glück man heute nennt.

Mir war, als könnt' die Rose
die heißen Tränen seh'n,
als könnte sie die Qualen
in meinem Herz versteh'n.

Mit meinen Tränen netzte
ich lautlos Blatt und Ros',
und eh' ich konnt's erfassen,
sank leblos sie mir in den Schoß.

Jeder Tag ist einmalig

Ein neuer Tag beginnt,
ein neuer Anfang.
Nutze diesen Tag,
diese Chance,
sie ist nicht wiederholbar.
Jeder Tag ist einmalig.
Verwerte ihn, bevor er sich
an die Nacht verliert.

Alte Liebe rostet nicht

Wir stehen im Herbst des Lebens,
haben Frühling und Sommer gemeinsam verbracht,
lebten nicht einen Tag vergebens,
jede Erfahrung hat uns reicher gemacht.

Trotz Herbstzeit brennt noch ein Feuer
in meinem Herzen, für dich ganz allein,
und sehnsuchtsvoll wart' ich noch heuer
auf eine Liebkosung im Abendschein.

Abschied

Lautlos schwebt ein Blatt vom Baum,

ganz allein,

viel zu früh.

Ein Windhauch entführt es meinem Blick.

Es wird irgendwann ein neues Blatt geben,

doch kann es nie wieder so sein wie du.

Erinnerung

Die Rose,

die du mir zum Abschied schenktest,

ist lange verblüht.

Die trockenen Blütenblätter

habe ich aufgehoben,

sie bringen Erinnerung zurück.

So lange es diese Blütenblätter gibt,

so lange existiert auch meine Liebe

zu dir.

Dank an Mutter Erde

Oh, Mutter Erde, Dank sei dir

für das, was du uns beschert.

Mit deiner Kraft und uns'rem Schweiß

hast du uns wohl ernährt.

Nun ruh dich aus und träum geschwind

den allerschönsten Wintertraum.

Der Frühling kommt und küßt dich wach,

auch den geliebten Apfelbaum.

Reifen

Süßen Duft von hundert Blumen,
den wollt' ich dir noch schenken,
mit Sonnenschein und Vogelsang
dein liebes Herz bedenken.

Und siehe da, es war schon Herbst,
hat Blütenduft begraben.
Doch deckt er reichlich uns den Tisch
mit lauter guten Gaben.

Erkenntnis reifte nun in mir,
ließ Sommerlust verklingen:
Gedanken, völlig ausgereift,
kann nur der Herbst uns bringen.

Herbststurm

Hei, Wind, was ist mir dir geschehen ?
Dein Streicheln wird mir jetzt zur Plag'!
Und deine wilden Sturmgebärden
sind Spiele, die ich gar nicht mag.

Wo ist der Sommerwind geblieben,
der gestern sanft umspielt mein Haar
und meine Lippen zart berührte,
als ich so froh und glücklich war ?

So schnell vergeht die Zeit der Freude;
ich muß mich beugen wie der Baum.
Der Wind zerreißt im Spiel sein Kleide,
und er steht nackt am Wegessaum.

Stumm duldet er des Sturmes Treiben,
weiß wohl, es kommt 'ne bess're Zeit,
und hat in seinem Innenleben
schon längst gewebt ein neues Kleid.

Klagelied der Blätter
im Herbst

Leise flüstern müde Blätter
zitternd an des Baumes Zweigen:
„Was wird aus uns, wie lange noch,
wann beginnt der Totenreigen?

Wie lange können wir noch hier
das Lied des Waldes singen?
Wird es der Sturm sein oder Frost,
der uns am Ende soll bezwingen?

Unsre Schwestern, unsre Brüder,
alle schon erloschen sind.
Wo sie ihre Ruhe fanden,
weiß alleine nur der Wind.

Dürfen wir den Baum noch zieren
für kurze Zeit im bunten Kleid?
Oder wird die nächste Stunde
für uns die Fahrt zur Ewigkeit?"

Kaum war's geklagt, braust rücksichtslos
ein Sturmwind durch das Blättermeer.
Wild wirbelt alles durch die Lüfte,
nur ein Spatz schaut traurig hinterher.

Lebensmüde

Rücksichtslos reißt der Herbstwind
die Blätter von den Bäumen,
treibt noch einmal ein verrücktes
Spiel mit ihnen, und das war es dann.
Hatten sie sich eigentlich schon
nach dem Ende gesehnt?
Ja, müde waren sie bestimmt.

Mein Herz, rüttelt der Herbst auch an ihm?
Es ist so unruhig und rastlos.
Die Zeit der Sehnsucht ist angebrochen.
Sehnsucht nach dem Unbekannten,
nach der fremden Heimat.
Wird es der Herbststurm sein,
der es zum Stillstand bringt?
Vielleicht wird es auch im
Abendsonnenglanz ganz ruhig werden
und wie im Traum hinübergleiten.
Wer weiß es schon.

Die Eiche

Meine Arme schlinge ich fest
um ihren Stamm,
drücke die Wange an ihre
Rinde, bis es schmerzt,
und nur sie ganz alleine
weiß, warum.

Auftanken

Müde suchen fahle Felder,
nach der Ernte auszuruh'n,
indes sich große Vogelscharen
an den Resten gütlich tun.

Spätsommerlicht wirft bleiche Strahlen
in die welkende Natur.
Lange Schatten Bilder malen,
Wehmut drückt auf Wald und Flur.

Der Herbst hat Sommer sanft vertrieben,
verwöhnt noch mal, bevor es eisig wird.
Tank' auf dein Herz mit Sonnenstrahlen,
damit's im Winter nicht erfriert.

Hoffnung auf einen
sanften Winter

Der Herbst meines Lebens hat

schon kräftig an meinem Blattwerk gerüttelt.

Hat mir im wilden Sturm

so manchen Ast verdreht

und etliche Zweige zerfetzt.

Meine Krone verlor dabei

ihren schönsten Schmuck.

Auf einen milden Altweibersommer

oder auf goldene Herbsttage

habe ich bislang vergeblich gewartet.

Jetzt kann ich nur noch auf einen

gütigen, sanften Winter hoffen.

Herbststimmung

Der Herbst hat durchaus seine Reize,
seine Farbenpracht, seine Gerüche,
seine Stimmungen,
sonnendurchfluteten Tage
und ebenso die rauhen Stürme.

Doch zu all seinem Zauber
gehört auch das Abschiednehmen,
das endgültige Loslassen.
Darüber tröstet auch der Glaube
an einen neuen Frühling nicht hinweg.

Trauer muß erst einmal ausgehalten
und ausgelitten werden, bevor
neue Hoffnung wachsen kann.

Der Raum dazwischen

Heute – war hart
Morgen – noch unbekannt,
aber dazwischen wünsche ich mir,
von dir zu träumen.

Kostbare Tage

Ein sonniger Herbsttag,
eines dieser kostbaren Geschenke.
Die Sommerblumen in den Kübeln
versuchen mit letzter Kraft
aus müdem Laub zu strahlen.
Es gleicht einem Lächeln
aus zahnlosem Mund.
Die langen Ruten der großen
Trauerbirke beginnen, sich gelb zu färben.
Pilzgeruch liegt in der Luft,
und unaufhaltsam fallen geräuschvoll
die Kastanien zu Boden.
Ja, ja, nun ist alles absehbar.
Darum sollten diese kostbaren Tage
voll ausgeschöpft werden.

Standort

Erde, Heimaterde,

noch immer stecken meine Wurzeln

tief in dir.

Du hältst sie schweigend fest,

läßt einfach nicht locker,

speist mein Herz mit Heimweh.

Ich schwebe in der Fremde

bodenlos umher.

Ohne Wurzeln und

mit blutendem Herzen

läßt sich wohl kaum

ein Standort finden.

Ewiger Wald

Ew'ger Wald mit tausend Wipfeln,
in deinen Hallen wohnt die Ruh'.
Mit deinem nimmermüden Rauschen
stillst meines Herzens Sehnsucht du.

In stiller Andacht muß der Mund
ganz kümmerlich versagen.
Nur Vogelsang hat hier ein Recht,
die Takte anzuschlagen.

Jeder Baum liebt seinen Nachbarn,
gemeinsam tragen sie die Last.
Streicheln sanft sich mit den Zweigen,
umarmen sich, wenn's ihnen paßt.

Wie vielen Tieren bietest du
einen sicheren Lebensraum,
um wie viel Blumen sorgst du dich,
die deiner Obhut blind vertrau'n?

Ew'ger Wald mit tausend Wipfeln,
Gott möge dich erhalten.
In aller Zeit und Ewigkeit
sollst du dich frei entfalten.

Alles zu seiner Zeit,

die Zeit des Erwachens, die Zeit der Blüte,
der Ernte, des Abschiedes und die Zeit der Stille.

So ist es in der Natur

und im menschlichen Leben.

Jede Zeit braucht ihre Zeit.

Du kannst nichts hinwegnehmen,

noch hinzufügen.

Nichts läßt sich festhalten

oder einfach überschlagen.

Alles will ausgekostet

und ausgehalten sein.

Jede Zeit zieht eine andere nach sich,

und jede Zeit birgt in sich eine neue Hoffnung.

Der Eindruck,

daß im Winter Bäume und Sträucher

traurig und erstarrt sind, täuscht.

Sie warten nur,

warten darauf,

ihr schon längst gewebtes Kleid

in den allerschönsten

Farben und Formen

präsentieren zu können.

Hoffnung

Wie wäre ein Winter zu ertragen,

ohne Hoffnung auf den Frühling,

wie ein Abschied auszuhalten,

ohne Hoffnung auf ein Wiedersehen?

Nur die Hoffnung,

daß es immer wieder hell wird,

läßt uns die langen, finsteren

Nächte durchstehen.

Das Tagebuch

Jeden Tag schreibt dir das Leben
etwas in dein Tagebuch.
Manchmal sind die Seiten so prall
gefüllt, daß man glauben möchte,
das paßt alles gar nicht in einen
Tag hinein.
Es passiert auch, daß es nur
zu einer kurzen Bemerkung gereicht hat.
Wenn aber irgendwann die Seiten beginnen
leer zu bleiben, dann weißt du,
daß du aufgehört hast zu leben.

Weit fort

Du gingst fort,

weit fort.

Nicht gerne,

die Zeit erforderte es.

Du spazierst jetzt durch Heide,

die nicht mehr unsere Heide ist.

Du hörst den Kuckuck schreien,

der nicht mehr unser Kuckuck ist,

setzt dich unter Birken,

die nicht unser Lied raunen.

Ich gehe allein unsere alten Wege,

aber seit du fort bist,

weht hier ein kühler Wind.

Manchmal

Manchmal wäre ich so gern
ein kleiner, bunter Vogel,
der dich morgens mit einem
fröhlichen Lied aufweckt,
der deine langen, einsamen
Stunden mit lustigem Gesang
verkürzt und dir abends ein
Schlaflied trillert.

Manchmal ein wärmender Sonnenstrahl,
der Licht in deine tristen Tage bringt,
der deine steifen Finger erwärmt und
geschmeidig macht,
deine dunklen Gedanken vertreibt,
dein schwaches Herz höher schlagen
und deine trüben Augen leuchten läßt.

Laß mich Vogel und Licht
für dich sein.

Freudentränen

Manchmal, wenn du mich in
deinen Armen wiegst,
füllen sich meine Augen mit Tränen,
nur weil ich überlaufe vor Glück.

Das Wort Liebe

Sag nicht Liebe,
wenn du Leidenschaft meinst.
Bewahre dir das Wort
für die Stunde, in der sie dir
wirklich begegnet,
und das ist vielleicht nur
einmal im Leben.

Morgenstunde

Die Nacht ist dabei, ihr dunkelblaues
Samtkleid abzulegen, um dem
anbrechenden Morgen Platz zu machen.
Schlaftrunken gähnen die Blumen
und räkeln sich in der kühlen Morgenluft.
Ganz langsam wird es heller.
Spinnweben bilden glitzernde Gitter,
in denen Tautropfen wie Perlen schimmern

In die märchenhafte Stille
dringen die ersten Vogelstimmen,
die sich bald zum großen Chor vereinen.
Der Tag ist erwacht,
und mit ihm seine schönste Stunde.

Roter Mohn - Garten der Gedichte
www.rotermohn.de
Roter Mohn - Garten der Gedichte
Garten der Gedichte von Annegret Kronenberg
Momentaufnahmen der Gefühle,
schöne und traurige,
in Worten festgehalten,
um ihnen dann Flügel zu verleihen.
Neue Nachrichten im Plauder-Garten
Animiertes Bilderbuch zu Ostern jetzt gratis downloaden
Das kleine Buch
Bei den Osterhasen
Zitat des Augenblicks
- Ausgewählte Gedichte
- Gedichtbände als kostenlose eBooks
- Plauder-Garten
- Elfchen - Gedichte in 11 Worten
- Zitate-Garten
u.v.m.

Annegret Kronenberg

Eigentlich sollte es Sommer sein...
Gedichte

Der Titel des Buches bezieht sich auf ein Gedicht über einen verregneten Sommer. Er berührt aber auch z.T. den Lebenssommer der Autorin, in dem es häufig kräftige Niederschläge und mach heftiges Unwetter gab. Auch die anderen Gedichte sind Momentaufnahmen der Gefühle, schöne und traurige, in Worten festgehalten, um ihnen Flügel zu verleihen.

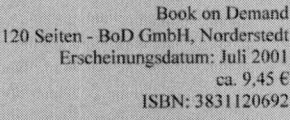

Book on Demand
120 Seiten - BoD GmbH, Norderstedt
Erscheinungsdatum: Juli 2001
ca. 9,45 €
ISBN: 3831120692

Book on Demand

135